NÉCROLOGIE LYONNAISE

JEAN-HONORÉ
VIEUX

LYON
IMPRIMERIE PITRAT AÎNÉ
4, RUE GENTIL
1879

NÉCROLOGIE LYONNAISE

JEAN-HONORÉ
VIEUX

LYON
IMPRIMERIE PITRAT AINÉ
4, RUE GENTIL
—
1879

NÉCROLOGIE LYONNAISE

JEAN-HONORÉ VIEUX

Vieux (Jean-Honoré), ex secrétaire en chef de la mairie de la Croix-Rousse, naquit à Chasselay (Rhône), le 11 septembre 1813. Peu de temps après sa naissance, son père fut nommé concierge de l'ancien palais de justice de Lyon, comprenant le vieux palais de Roanne et l'hôtel de Fléchères, bâtiment contigu et inachevé.

C'est dans cet antique monument que le jeune Honoré passa son enfance en compagnie d'un frère plus jeune que lui de quatre années.

M. et Mme Vieux qui chérissaient leurs deux enfants avec idolâtrie, accueillaient d'une manière toute patriarcale et avec la plus grande bonhomie les camarades de leurs fils. Aussi, n'ayant aucune contrainte à garder, quelles courses n'avons-nous pas faites à travers ces vieilles salles délabrées ?

Il me semble encore voir, malgré les douze lustres qui nous séparent de cette époque, et qui devraient bien cependant obscurcir nos souvenirs, cette grande table, placée devant une cheminée gigantesque, et presque toujours chargée de poulardes de Bresse et de levrauts *solliciteurs*.

Je crois entendre la voix criarde de la tante Louison, cherchant, à travers les dédales du vieux manoir, son *Noré* ou son *Adolphe*, pour leur donner quelques friandises.

Je me souviendrais toujours, qu'un hiver, nous couvrîmes le sol d'une salle sans croisées, de quelques centimètres d'eau qui gela pendant le nuit, et le lendemain nous avions une superbe salle de patinage pouvant rivaliser avec les skating-rinks de nos jours. Mais enfin, on ne peut pas toujours s'amuser. Honoré Vieux fut placé comme externe au collège de Lyon ; ses rapports avec ses condisciples furent excellents et donnèrent la mesure de la douceur de son caractère et de la bonté de son cœur. Quelques prix qu'il remporta malgré une indolence autorisée, prouvèrent qu'on peut être tout à la fois un enfant gâté et aussi un bon élève.

Aux jeux de l'enfance succédèrent d'autres préoccupations, la jeunesse ordinairement a des pensées généreuses, c'était en 1829, nous étions une douzaine de camarades, nous convînmes de fonder une association sous le titre d'*Ordre de l'intimité*.

Le but que nous nous proposions était celui de nous instruire et de nous aider mutuellement ; des sujets de composition devaient être traités par chacun de nous, un règlement fut rédigé et un sceau constate l'existence de cette confraternité éphémère de jeunes gens.

Après plus d'un demi siècle, la mort seule a pu rompre entre quelques-uns d'entre eux les liens d'intimité qu'ils avaient contractés dans leur adolescence.

Le vieux palais de justice était condamné à disparaître, il devait faire place à un nouveau monument ; Honoré Vieux, qui, depuis le 16 septembre 1831, était bachelier ès lettres, fut chargé de faire quelques préparatifs pour le déménagement des archives entassées dans des greniers ouverts à tous les vents, et par cela même exposées à toutes les intempéries des saisons.

C'est là que j'ai vu ouvrir de grands coffres placés depuis longtemps sous des fenêtres, dont les croisées n'avaient point de vitres, et qui étaient remplies de parchemins, de documents et de dossiers de toutes sortes ; ces coffres, lors de leur ouverture étaient à l'intérieur de véritables parterres de cryptogames de toutes espèces.

Après avoir enlevé ces mousses et ces tiges gluantes et nauséabondes, il ne restait de toutes ces pièces, de ces documents dont plus d'un étaient probablement précieux, que quelques fragments pourris et une pâte visqueuse et délétère qu'on fut obligé de jeter à la rivière.

M. Vieux destinait son fils aîné à la carrière du barreau ; il fallut donc l'envoyer à Paris pour prendre ses grades. Vieux travailla sérieusement, et il fut reçu bachelier en droit, le 27 septembre 1837. L'année suivante, il obtint le grade de licencié. La thèse qu'il soutint pour la licence, le 9 août 1838, traitait de la Minorité et de la Tutelle ; elle fut imprimée à Paris, chez Moquet, 1838 ; in-4° de 15 pages.

C'est à cette même époque et pendant son séjour à Paris que Vieux eut des liaisons avec un certain nombre de jeunes littérateurs, réunis sous le titre de société bibliophile historique ; notre ami ayant été admis parmi eux le 14 avril 1838, il ne tarda pas, pour son tribut, d'y faire la lecture d'un Mémoire sur l'introduction du christianisme dans le Lyonnais.

Ayant fait ses études de droit, Honoré Vieux revint à Lyon où l'attendait le plus grand des malheurs, son père mourut le 13 février 1839, le laissant, sans position, exposé à tous les entrainements de la jeunesse et de l'inexpérience, écueils d'autant plus dangereux pour lui, qu'il n'avait pour le guider, qu'une mère idolâtre, dont toute la préoccupation n'avait été jusque-là, que de subvenir largement à toutes les dépenses de ses deux fils.

Honoré Vieux, était trop jeune pour remplacer son père dans la charge de concierge du palais de justice, ou du moins il ne crut pas devoir se contenter de cette position, il fallut donc que la famille Vieux quittât le palais.

Mme Vieux ne put se résoudre à donner une somme assez forte pour l'achat d'une bonne étude d'avoué, qui aurait assuré l'avenir de son fils aîné ; elle le laissa donc, ainsi que son frère, dans l'inaction s'engager dans diverses entreprises qui ne furent pas toujours fructueuses. Ainsi disparut la modique fortune que M. Vieux avait laissée à sa veuve et à ses deux fils (87,000 fr.).

Honoré Vieux, d'un caractère bon et loyal, avait besoin d'être stimulé ; une occupation sérieuse lui était nécessaire, et il aurait rempli ponctuellement les obligations qui lui seraient incombées, N'ayant aucune ambition, livré en quelque sorte à lui-même, il attendait qu'une position s'offre à lui, mais dans notre époque, malheur à celui qui attend, il attendra longtemps ; il faut courir au risque de renverser quelqu'un dans sa course, il faut supplanter même pour réussir, voilà la méthode actuelle ; Vieux n'était pas taillé pour cette lutte-là ; son indolence naturelle et son honnêteté obligeante, ne lui aurait pas permis d'entrer en concurrence avec personne. »

Les loisirs d'Honoré, lui permirent de travailler au *Jour-*

nal de Lyon, publication bi-hebdomadaire de 1844-1846, dirigée par M. H. Augier. C'est aussi à la même époque, qu'il collabora à l'ouvrage intitulé : *La France par cantons*, pupublié par Théodore Ogier ; plusieurs cantons du département du Rhône sont les produits de sa plume et ce ne sont pas les chapitres les moins intéressants de cet ouvrage.

Dans le courant de 1845, je parvins à décider Vieux, à rédiger l'opuscule lyonnais intitulé : *Napoléon à Lyon*, cet ouvrage rempli de faits intéressant l'histoire de notre cité, n'a été imprimé que trois années après, chez M. Lépagnez, in-8 de VIII et 83 pages. Quelques fragments de cet opuscule ont été insérés dans la *Revue du Lyonnais*, nouvelle série, tome Ier, page 95 et 225. Comment se fait-il que le nom de l'auteur ne figure pas dans les tables de la *Revue ?*

A la suite de la Révolution de février 1848, Honoré Vieux fut pourvu de l'emploi de secrétaire en chef de la mairie de la Croix-Rousse, fonctions qu'il exerça jusqu'à la Révolution du 4 septembre 1870.

C'est dans ce modeste emploi qu'il montra les aptitudes remarquables dont il était doué pour les affaires administratives ; le maire de la Croix-Rousse, M. Cabias, ayant été nommé député, se reposait du soin de l'administration sur son secrétaire, et il n'eut qu'à se louer de la confiance qu'il avait mise en lui ; de leur côté, les habitants de la Croix-Rousse trouvèrent toujours dans le secrétaire de leur commune, un conseiller capable et obligeant.

Il ne m'appartient pas de m'appesantir sur les capacités intellectuelles d'Honoré Vieux, on pourrait croire que l'amitié les a surfaites, mais il me sera permis de dire que tous ceux qui l'ont connu s'accordaient à reconnaître en lui une intelligence élevée, servie par une instruction solide, qui lui aurait permis d'occuper les fonctions les plus difficiles. Les qualités du cœur n'étaient pas moins remarquables : bon et désintéressé, jamais il ne chercha à briguer un autre emploi, il était content de son sort, puisque sa position lui permettait de rendre de nombreux services à une population trop souvent en butte à la misère ; aussi, que de familles ont éprouvé les effets de son obligeance et de son bon cœur.

Quelques temps après la mort de sa mère, arrivée le 13 septembre 1857 ; Honoré Vieux donna sa main et son nom à une jeune personne, directrice de la salle d'asile de la Croix-Rousse, que la mort récente de ses père et mère avait rendu orpheline et qui, concentrant sur lui toute sa tendresse et toutes ses affections, se fit un devoir de lui rendre la vie heureuse.

Vieux, partagé entre les devoirs de son emploi et celui de son ménage, avait trop de patriotisme et de loyauté dans le caractère pour être attaché au parti bonapartiste ; ce pouvoir né dans le crime, ne se soutenait que par la violence, la fourberie et la corruption.

Combien de fois, Honoré et moi, n'avons-nous pas gémi sur l'aveuglement d'un peuple qui se laissait tromper et exploiter si facilement, et dans nos épanchements intimes, jetant sur l'avenir un regard interrogateur, tout en flétrissant les sicaires de la tyrannie, nous appelions de tous nos vœux une régénération nationale.

Enfin, l'empire avait fait son temps, chaque jour lui amenait de nouvelles complications; l'astuce, le mensonge, ses ressources ordinaires, devenaient inutiles ; les concessions mêmes étaient insuffisantes pour arrêter sa chûte dans l'abime que des forfaits sans nombre avaient creusé sous ses pas; la nation semblait vouloir sortir de sa torpeur; les citoyens n'avaient qu'une préoccupation, celle de sauver la patrie au milieu du grand cataclysme qui s'approchait. On s'observait, on se comptait, et dans une telle alternative, il dut y avoir beaucoup de méprises, tel dont on se défiait à cause de sa position pouvait être un bon citoyen, Vieux fut de ce nombre ; la sollicitude du secrétaire en chef pour les employés de la mairie, dont quelques-uns se faisaient remarquer par leur arrogance et le zèle outré qu'ils affichaient pour le héros de décembre, suffit pour signaler Vieux, aux adversaires du pouvoir, et sa mise à la retraite suivit de près la Révolution du 4 septembre.

Vieux ressentit douloureusement le coup qui lui était porté; son désintéressement ne l'avait pas mis au-dessus du besoin, puis l'âge et les infirmités étaient venus aggraver sa position, l'affection de son épouse et celle de quelques amis étaient sa seule consolation.

Quelques années se passèrent ainsi; et lorsque la réaction, sous le nom d'ordre moral, essaya d'ébranler le système républicain, les premières mesures prises, furent la destitution et les révocations de tous les fonctionnaires républicains, Vieux eut la malheureuse chance (septembre 1874), d'être réintégré dans les fonctions de secrétaire en chef de la mairie de la Croix-Rousse; c'était le compromettre entièrement vis-à-vis des républicains; aussi quand l'opinion publique eut fait justice des tendances réactionnaires, tout ce qui avait eu des attaches avec cet ordre de choses dut disparaître des administrations.

Vieux ne put supporter cette seconde révocation; il avait considéré sa réintégration comme une justice qu'on lui rendait, tandis qu'elle n'était en réalité que la suite des mesures de la réaction. Une grave affection de cœur ne tarda pas à se déclarer, et il languit quelque temps dans une souffrance d'autant plus grande qu'il s'efforçait de la dissimuler pour ne pas trop attrister son épouse.

Enfin, après une journée de calme où sa gaieté semblait être revenue, il expira au milieu de la nuit du 21 au 22 mars 1880, dans les accès d'une crise violente, laissant son épouse anéantie par cette mort si foudroyante et si imprévue.

Honoré Vieux, si je puis par ces quelques lignes honorer

ta mémoire et te rappeler dans le souvenir des hommes de bien, je croirais avoir rempli le devoir pieux, que m'imposait une amitié demi-séculaire.

JACQUET, H.

Lyon, le 22 avril 1880.

FIN

La présente nécrologie était destinée à paraître dans une revue locale, qui publie assez souvent des articles virulents sur les hommes et les choses du parti républicain. Nous étions assez naïf pour croire à l'impartialité de la direction, malgré que nous ne nous faisions pas d'illusions sur les protestations de dévouement au principe républicain, lorsque le refus du présent article nous a fait reconnaître notre erreur et en même temps la vérité des aphorismes qu'exprimèrent à deux siècles de distance deux hommes qui connaissaient bien le cœur humain :

La caque sent toujours le hareng. HENRI IV.
Les bleus seront toujours bleus, et les blancs seront toujours blancs. BONAPARTE.

LYON. — IMP. PITRAT AÎNÉ, RUE GENTIL, 4

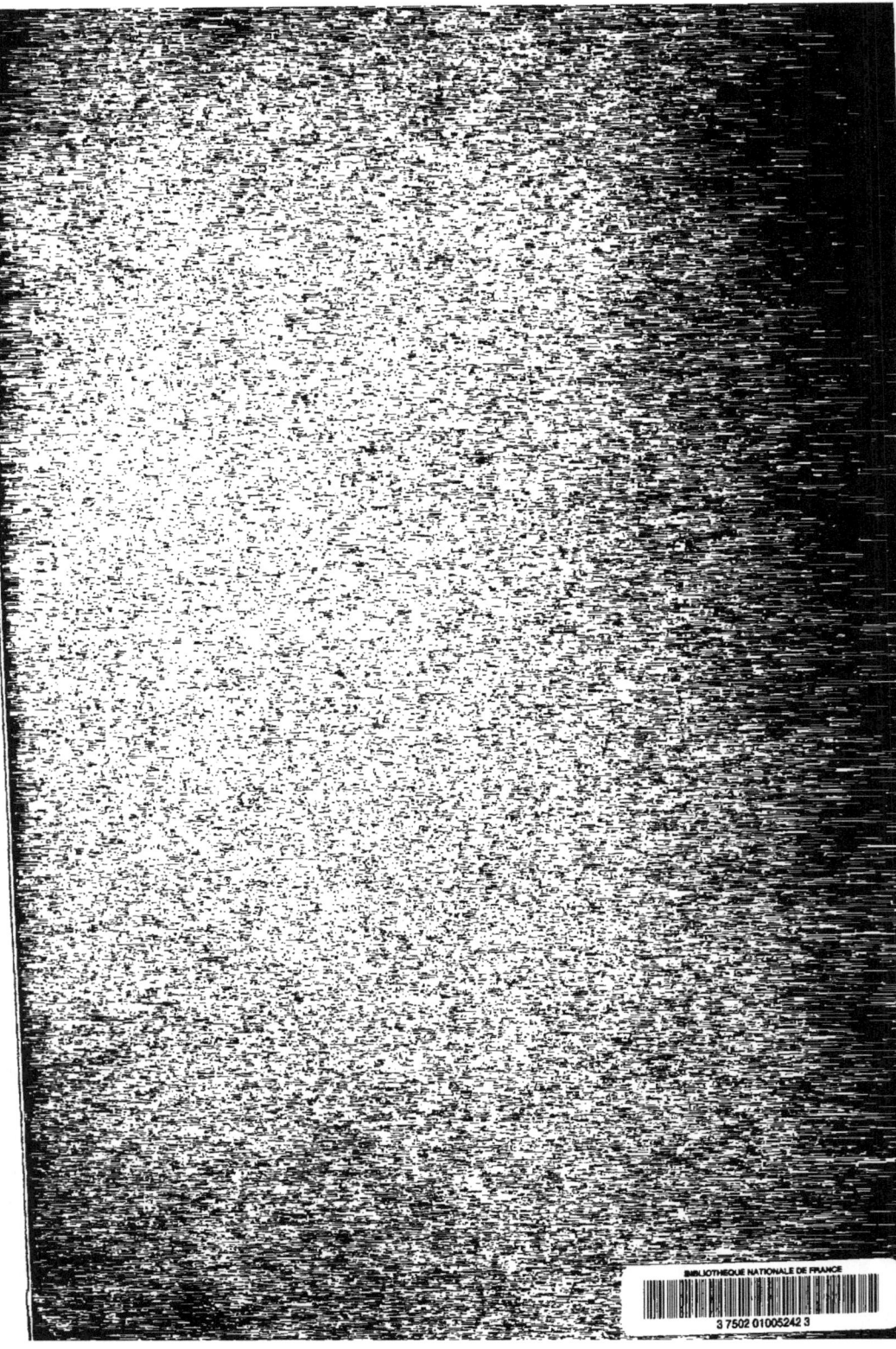

www.ingramcontent.com/pod-product-compliance
Lightning Source LLC
Chambersburg PA
CBHW060900050426
42453CB00011B/2048